MAGNIFIQUES

TAPISSERIES

OBJETS D'ART

BRONZES

DÉCORATION DE SALON PAR J.-B. VAN STRY

Mᵉ E. BERTHELIN | M. GANDOUIN
COMMISSAIRE-PRISEUR | EXPERT

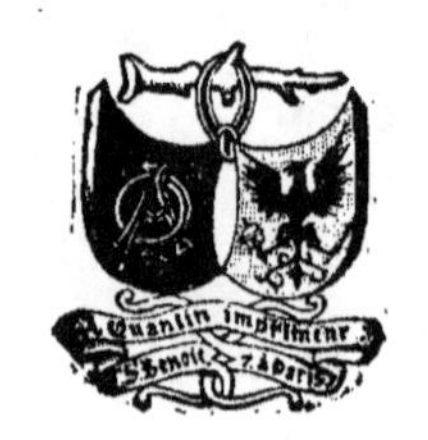

CONDITIONS DE LA VENTE

Elle sera faite au comptant.

Les acquéreurs payeront *cinq centimes par franc* en sus des enchères, applicables aux frais.

L'Exposition mettant les acquéreurs à même de se rendre compte de l'état et de la nature des objets, il ne sera admis aucune réclamation, une fois l'adjudication prononcée.

CATALOGUE

DE

MAGNIFIQUES

TAPISSERIES

DU TEMPS DE LOUIS XIV A SUJETS, D'APRÈS COYPEL

OBJETS D'ART

ET

D'AMEUBLEMENT

BRONZES

DÉCORATION DE SALONS PAR J.-B. VAN STRY

PORCELAINES — FAIENCES — MEUBLES — MARBRES
BIJOUX, OBJETS DIVERS

DONT LA VENTE AURA LIEU

HOTEL DROUOT, SALLE N° 1

Le Lundi 27 Décembre 1880

A DEUX HEURES

Me E. BERTHELIN	M. GANDOUIN
COMMISSAIRE-PRISEUR	EXPERT DES DOMAINES NATIONAUX
29, rue Le Peletier	42, rue Le Peletier

EXPOSITION PUBLIQUE

LE DIMANCHE 26 DÉCEMBRE 1880, DE 1 HEURE 1/2 A 5 HEURES

DÉSIGNATION

TAPISSERIES

1. — Superbe Tapisserie de *l'époque Louis XIV*, dont la composition de CH. COYPEL représente le triomphe d'Amphitrite, et Mercure remettant Achille pour être trempé dans le Styx.

> Cette tapisserie, ainsi que les deux suivantes, est ornée d'une belle bordure composée par Berain et signée G. Werniers, surmontée des lettres E et F, séparées par un petit écusson rouge orné d'une fleur de lis.

H., 3^m,30. L., 7^m,25.

2. — Autre Tapisserie représentant *Bacchus et Ariane*, laquelle est représentée assise dans une grotte : à l'entrée, le char du dieu est arrêté, et la grotte envahie par des faunes, satyres et amours.

H., 3^m,30. L., 5^m,45.

3. — Autre Tapisserie représentant *Flore et Zéphyre*.

H., 3m,50. L., 3 .

4. — Grande et belle Tapisserie verdure toutes bordures; fabrique de Feltin.

H., 3m. L., 4m.

5. — Autre grande et belle Verdure toutes bordures; fabrique d'Aubusson.

H., 3ᵐ. L., 4ᵐ,50.

6. — Porte en tapisserie au point.

7. — Belle Tapisserie de Lille, verdure avec figures, d'après Téniers.

H., 3ᵐ,50. L., 4ᵐ,50.

8. — Sous ce numéro, quatre Tapisseries diverses.

9. — Cinq Panneaux tapisserie.

Sera divisé.

10. — Couvre-lit Louis XV, fond blanc.

11. — Couvre-lit Louis XIII, en damas de soie rouge.

12. — Six Tapis d'Orient.

Sera divisé.

OBJETS D'ART ET D'AMEUBLEMENT

13. — Meuble en noyer sculpté, style de Ducerceau.

14. — Garniture de cheminée, style Louis XVI, bronze doré.

15. — Commode de l'époque Louis XIV, ornée de ses bronzes.

16. — Cabinet en marqueterie de Florence, marbres et pierres dures incrustées, orné de bronzes.

17. — Garniture de cheminée de l'époque de l'Empire, composée de pendules et candélabres, bronze doré et ciselé.

18. — Beau Coffre de mariage ébène, garni de cuivres ciselés et dorés, intérieur en maroquin rouge.

19. — Deux Fûts de colonne, style Louis XVI.

20. — Commode Louis XIV, très richement garnie de cuivres.

21. — Petite Commode d'enfant.

22. — Deux Glaces avec cadres en bois sculpté.

23. — Deux Psychés bois sculpté.

24. — Plusieurs lots de Boutons anciens.

25. — Porte-cartes en ivoire sculpté.

26. — Croix espagnole ornée de Perles.

27. — Table à jeu, garnie d'une Tapisserie au point Louis XIII.

28. — Écran en tapisserie.

29. — Écusson Louis XIV en cuivre rouge.

30. — Statuette du duc de Reichstadt, en bronze doré sur socle.

31. — *École flamande.* La Circoncision.

32. — Deux Drageoirs en émail cloisonné.

33. — Salière en émail à personnages, genre du xvɪᵉ siècle.

34. — Vierge en faïence française.

35. — Glace Louis XIII, cadre écaille.

36. — Lot d'objets en vieille argenterie.
Sera divisé.

37. — Montre en or avec émail.

38. — Lot de Plats et Assiettes en ancienne faïence.
Sera divisé.

39. — Vitrine de style Louis XVI.

40. — Chiffonnier de même style.

41. — Commode de même style.

42. — WEECK........... Fileuse, statue en bronze argenté (costume moyen âge).

43. — WEECK........... Le Réveil-matin, bronze argenté.

44. — WEECK........... Négresse, bronze argenté.

45. — LECOURTIER...... Chien à l'attache, bronze.

46. — Trois Assiettes en faïence ancienne de Rouen, décor à la corne.

47. — Plat de même faïence et décor.

48. — Bannette en ancienne faïence de Rouen.

49. — Petit Pot à crème avec Plateau, ancienne faïence d'Aprey.

50. — Pichet, ancienne faïence de Nevers, avec énorme tête de chien.

51. — Plat en ancienne faïence de Rhodes.

52. — Autre, analogue au précédent.

53. — Deux autres.

54. — Quatre pièces, ancienne faïence de Perse.

55. — Beau Fauteuil de l'époque Louis XIV, couvert en tapisserie au point.

56. — Autre Fauteuil de même époque.

57. — Fauteuil de l'époque Louis XIII, couvert en soie brochée de velours.

58. — Autre, pareil au précédent.

59. — Plat en ancienne faïence d'Aprey, décor paysage et oiseaux.

60. — Autre Plat de même décor et faïence.

61. — Trois autres, ovales et ronds, de même faïence et décor.

62. — Porte-huilier et Burettes en faïence ancienne.

63. — Deux petites Statuettes, Femmes assises, porcelaine de Saxe moderne.

64. — Deux Plats, ancienne porcelaine du Japon.

65. — Deux Plats, ancienne porcelaine de la Chine.

66. — Vitrine de style Louis XVI.

67. — Commode Louis XVI.

68. — Vitrine bureau de dame de même époque.

69. — Maison japonaise en bronze, avec nombreux personnages.

STRY (J.-B. Van.)

70. — Grande Toile décorative, scène de Patinage, signée et
datée 1780.

71. — Autres Toiles par le même et provenant de la même
décoration.

72. — COURBET (Gustave)....... Jeune femme à la fon
taine.

73. — PANINI................. Ruines.

74. — PANINI................. Pendant du précédent.

75. — BRESLAU (Louise) .... Portrait de femme.

76. — JACQUE (genre de Charles). Moutons.

77. — FRANCK (A.)............. Douze scènes de l'His-
toire sainte.

78. — Deux Panneaux bois dorés, avec Vierge et Christ, bronze doré.

79. — Pendule duchesse et une paire Bouts de table.

80. — Suspension à balustres, neuf lumières.

81. — Encrier à galerie, nickelé et doré.

82. — Statue, Cruche cassée, en bronze.

83. — Pendule sur socle. représentant les Enfants du bacchanal.

84. — Garniture en bronze oxydé.

85. — Pendule en brónze, Enfants au tambour.

86. — Paire Buires en bronze.

87. — Garniture en bronze, Dauphin.

88. — Pendule griffes.

89. — Paire de Lampes barbotines.

90. — Garniture Minerve en bronze.

91. — Garniture en bronze, style Louis XIV.

92. — Paire Appliques à six lumières, style Louis XIV.

93. — Grand Lustre Manskoff, à 28 lumières, à cristaux.

94. — Garniture en bronze, serrurerie, vieil or.

95. — Pendule et Candélabres en bronze poli, griffes.

96. — Paire Appliques en bronze. style Louis XV.

97. — Paire Statuettes bronze, Musique et Poésie.

98. — Paire Statuettes bronze oxydé, représentant Clovis et Charlemagne.

99. — Pendule en marbre surmontée d'un Bronze, représentant Daguesseau.

100. — Deux grands beaux Vases du Japon, décor de fleurs et oiseaux en relief.

101. — Deux grands Plats en porcelaine d'Imari.

102. — Deux Appliques à deux lumières porcelaine de Chine, montées en bronze.

103. — Deux Jardinières en porcelaine de Saxe, à bords ajourés.

104. — Paire de grands Vases, en porcelaine craquelée de Chine.

105. — Deux Statuettes en porcelaine de Saxe.

106. — Deux Plateaux en porcelaine du Japon ajourée.

107. — Deux Vases en porcelaine de Kanga, en forme de gourdes.

108. — Deux Plateaux octogones en porcelaine d'Imari.

109. — Deux Jardinières en porcelaine de Chine, décor bleu sur fond blanc.

110. — Deux Vases en cloisonné de la Chine.

111. — Deux grands Plats en cuivre repoussé.

112. — Paire de grands Vases, vert et or.

113. — Deux Bonbonnières en cloisonné du Japon.

114. — Deux Boîtes à étrennes chinoises, recouvertes de
soie brodée.

115. — Porte-bouquet-applique indien, en cuivre gravé et
doré.

116. — Grande Jardinière en bronze du Japon.

117. — Deux Sonnettes indiennes.

118. — Oiseau sur branche, en bronze du Japon.

119. — Deux Cabinets, en laque du Japon.

120. — Deux Groupes en ivoire, travail japonais.

121. — Porte-cure-dents, en métal Christophle.

122. — Deux petits Vases, en bronze du Japon.

123. — Petite Glace, cadre sculpté et doré.

124. — Deux Consoles, bois sculpté et doré.

125. — Douze Assiettes de Rhodes.
Sera divisé.

126. — Buste en marbre représentant une Jeune Fille.

127. — Statuette en marbre représentant une Baigneuse.

128. — Grande Coupe en porcelaine de Chine, sur socle en
bois de fer.

129. — Deux Boîtes à gants, en laque et peau de requin.

130. — Deux Boîtes en laque de Pékin.

131. — Deux Plateaux en faïence de Marseille.

132. — Théière en porcelaine de Canton, avec étui en rotin.

133. — Deux Bustes en porcelaine de Sèvres, représentant
Louis XVI et Marie-Antoinette.

134. — Magnifique Store chinois ancien.

135. — Neuf Assiettes, tableaux de Chine.
Sera divisé.

136. — Sous ces numéros, des Tasses, Assiettes, Jardinières
en porcelaine de Chine.
Sera divisé.

137. — Bracelet en or mat, orné d'un gros brillant.

138. — Paire de Boutons pavés en brillants.

139. — Médaillon de cou en brillants.

140. — Quatre Plats en émail cloisonné du Japon, fond noir
et bleu turquoise.

141. — Paire de Perdrix en émail cloisonné de Chine, formant
flambeaux, montées en bronze doré.

142. — Deux Jardinières, porcelaine du Japon.

143. — Deux paires de Bougeoirs en émail cloisonné du Japon, montés en bronze.

144. — Paire de Potiches en porcelaine de Saxe, fleurs en relief.

145. — Quatre Statuettes en porcelaine de Saxe, représentant les Éléments.

146. — Six Statuettes en porcelaine de Saxe.

Sera divisé.

147. — Quatre plats ajourés en porcelaine du Japon.

148. — Deux plats en porcelaine d'Imari.

149. — Deux Cache-pots en porcelaine de l'Inde.

150. — Deux paires de Vases en bronze du Japon, oiseaux en relief.

151. — Deux paires de Vases en faïence de Satzuma.

152. — Deux Cabinets en laque du Japon.

153. — Deux paires de Vases en porcelaine de Chine.

154. — Objets non catalogués.

PARIS. — Impr. CLAYE. — A. QUANTIN et Cᵉ, rue St-Benoît. — [2302]

9 782329 520704